AF284481

80
MANDALAS

TEILEN SIE IHRE MANDALAS MIT UNS AUF INSTAGRAM
#TRYLERSMANDALA

TRYLERS
Media

Impressum

Cover: TRYLERS Media

Verantwortlich für den Inhalt:
TRYLERS Media
Ersen Türkyilmaz
Ritterstr. 230
47805 Krefeld

contact@trylers.com

ISBN: 9783754347713

Herstellung und Verlag: BoD – Books on Demand, Norderstedt

© 2021 Copyright by TRYLERS Media

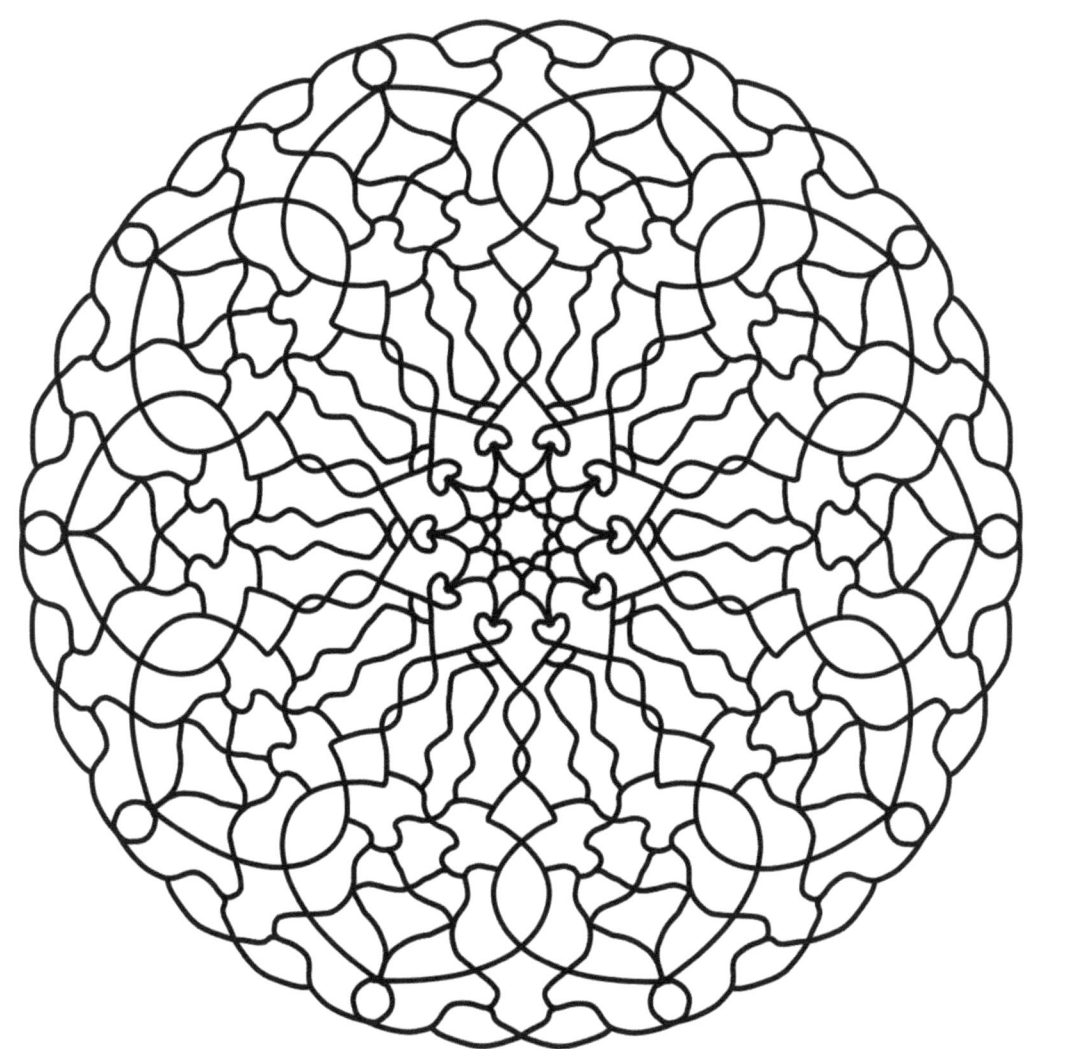

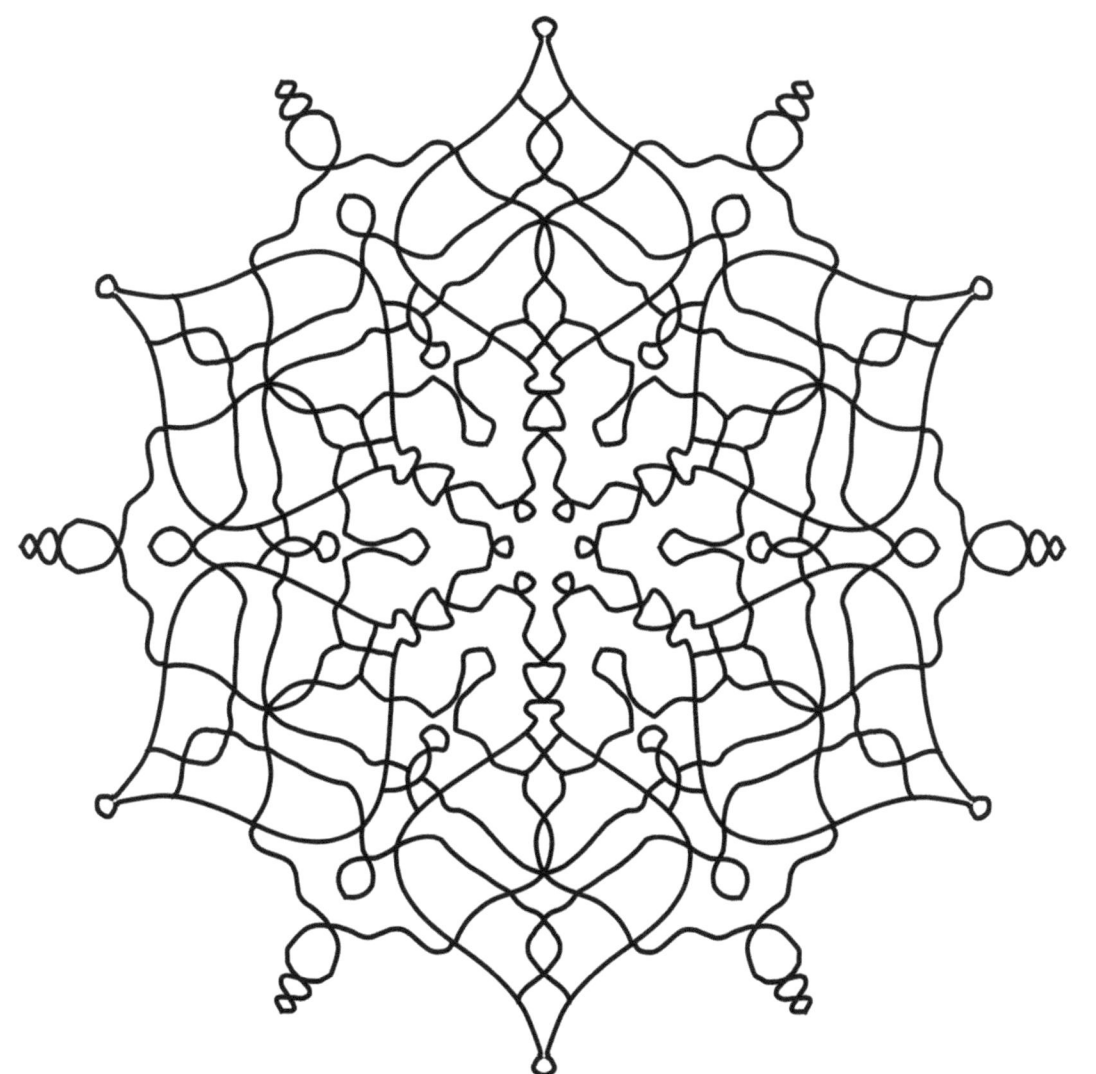

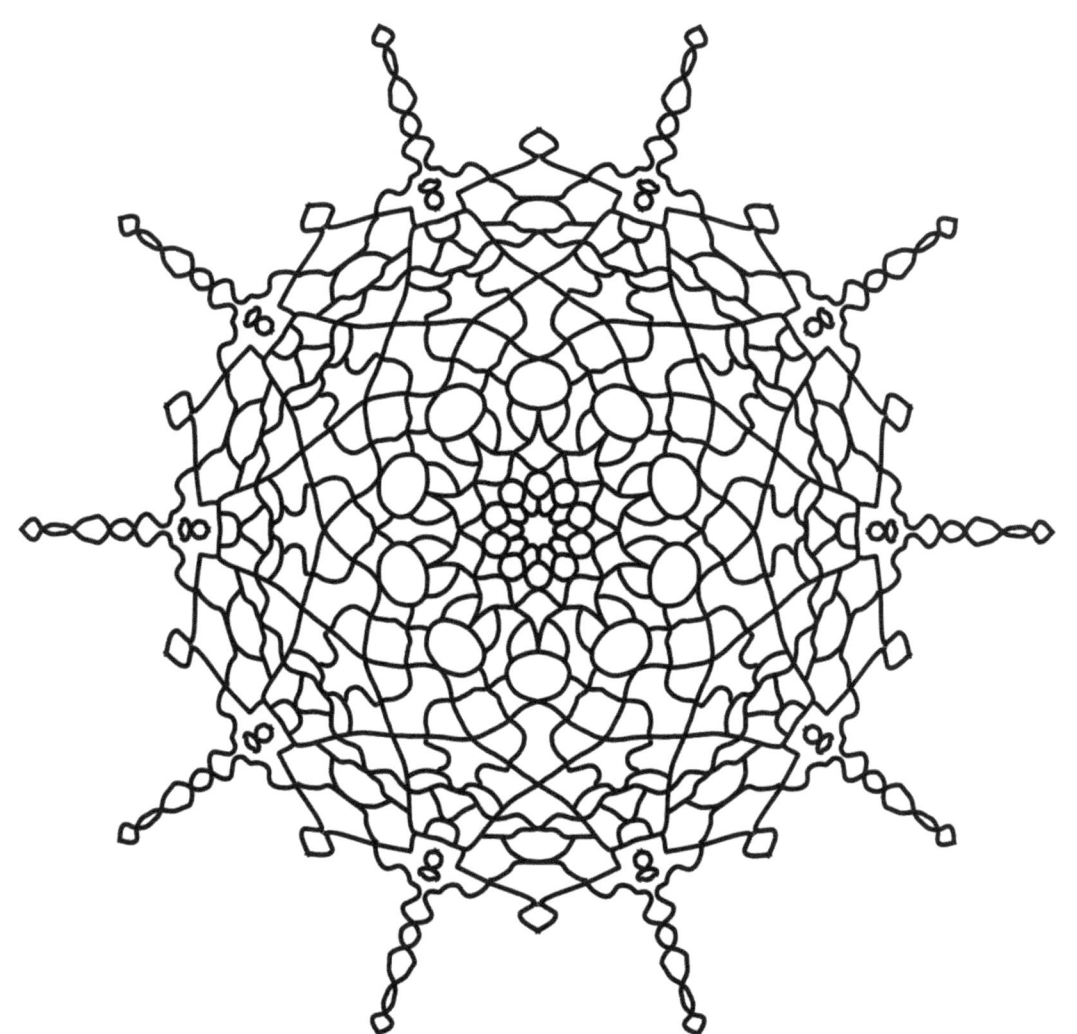

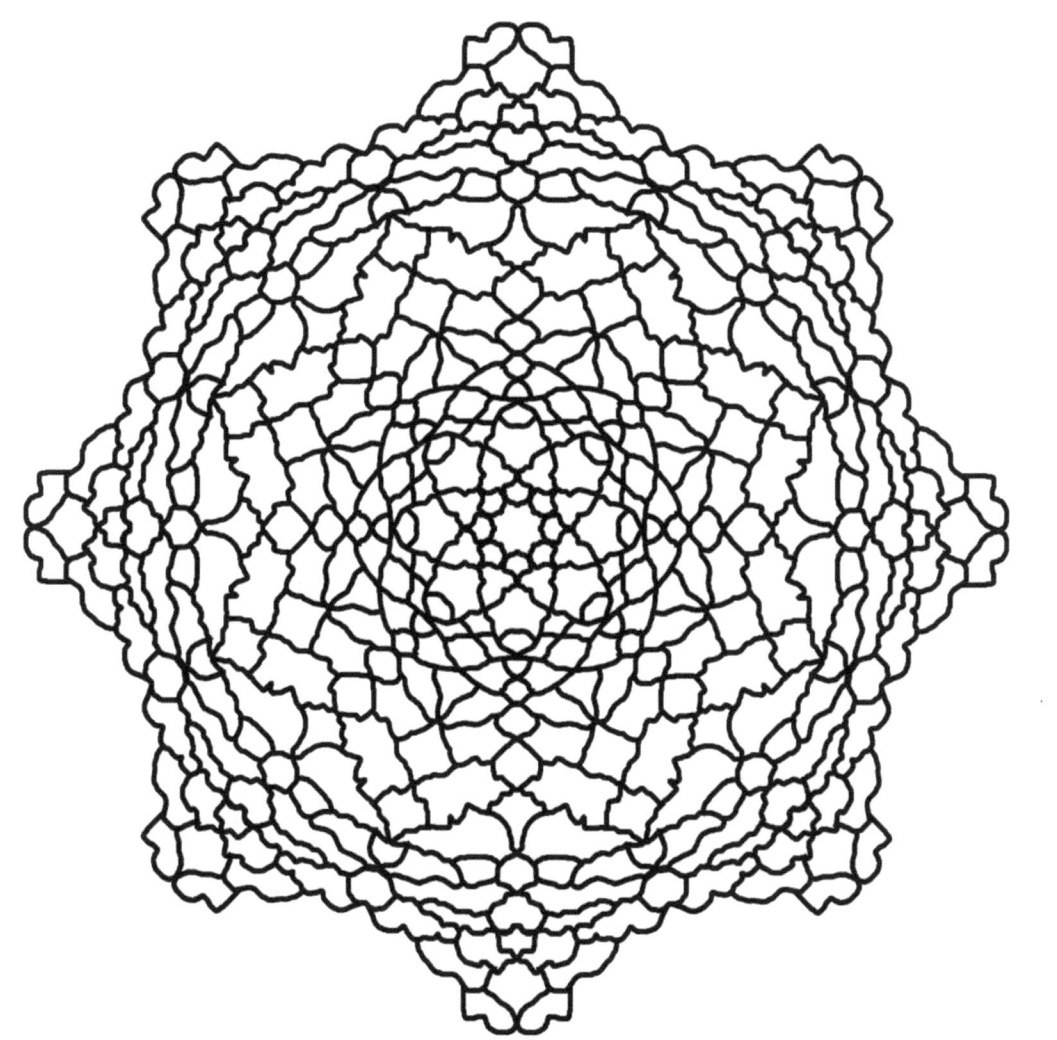

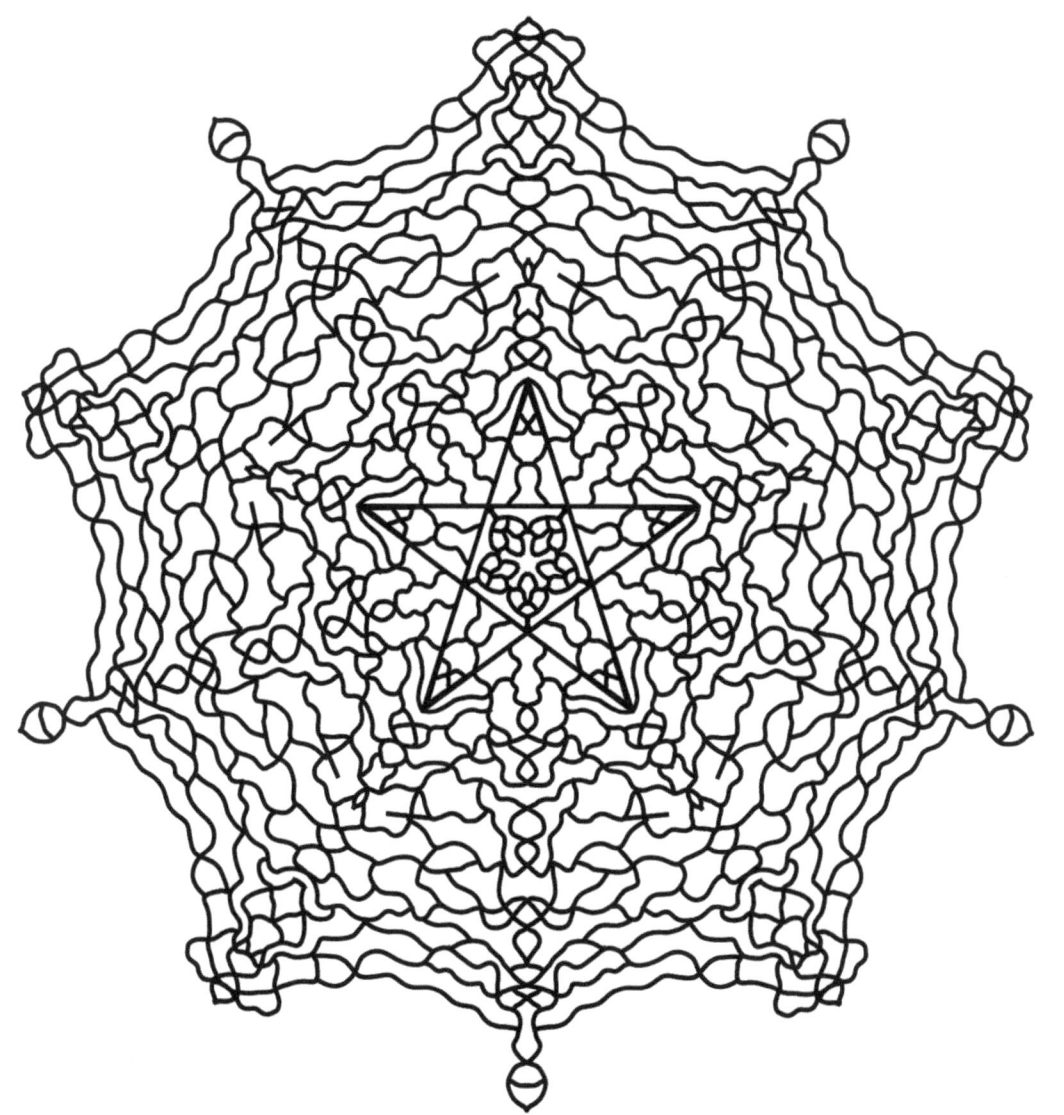

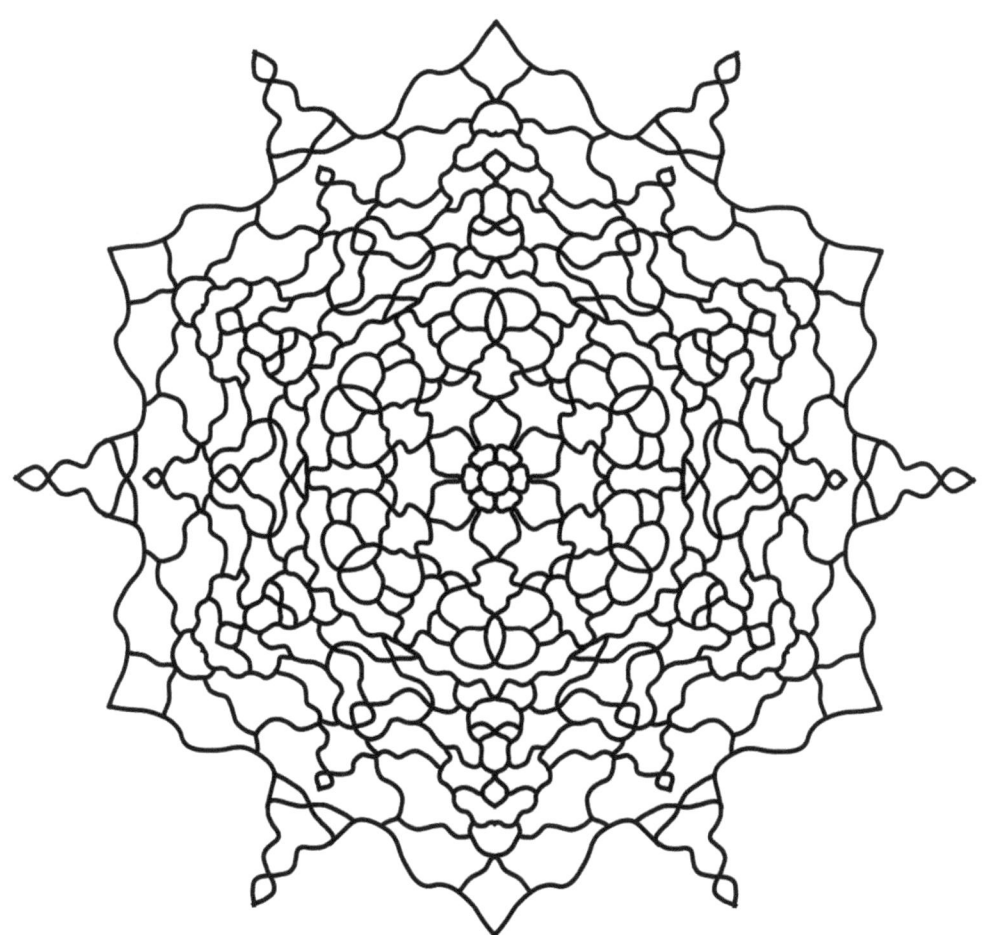